DES PARTISANS

PAR

Le Général Joseph FRIRION,

PRÉCÉDÉ

D'UNE NOTICE SUR CE GÉNÉRAL PAR LE COLONEL FRIRION.

Extrait du Spectateur Militaire.

Mai 1850.

Paris. — Imprimerie de L. MARTINET, rue Mignon, 2.

NOTICE SUR LE GÉNÉRAL FRIRION.

Le dernier des généraux Fririon est mort le 2 mai
1849 à Strasbourg, où il s'était retiré en 1814 ; il était
âgé de soixante-dix-huit ans.

Le général Joseph Fririon fut un des rares officiers
de la Révolution qui préférèrent accepter leur retraite
plutôt que de servir les Bourbons, rentrés en France
avec les baïonnettes étrangères. Il n'avait pourtant,
lorsqu'il se décida à cette retraite anticipée, que qua-
rante-quatre ans ; aussi pourrait-on dire de lui que,
s'il était encore jeune par les années, c'était un vieil
officier par l'expérience. Ses états de service portent
en effet que pendant vingt-quatre ans, de 1790 à 1814,
de soldat il était devenu officier général, et avait assisté,
pendant cette période mémorable, à 15 batailles ran-
gées, 6 siéges et 65 combats ; il comptait en outre
trois blessures.

Les qualités militaires du général Fririon, son coup
d'œil, sa vigueur, son énergie et sa constance infati-
gable dans les revers faisaient de lui un des officiers

les plus distingués de l'armée. Quant à son caractère, c'était un type à part : il annonçait un homme que je dirai singulier pour les époques qu'il a traversées, en ce sens que lorsque les choses et les gouvernements changeaient autour de lui, lorsque, dans une période de vingt-cinq ans, des républicains de 1789 étaient devenus tour à tour impérialistes et bourbonniens, lui seul restait ce que la Révolution l'avait fait, un républicain pur : celui-là l'était de la veille, il l'était du siècle dernier. Homme vertueux s'il en fut, austère, de mœurs simples, il avait une antipathie marquée pour ce qu'il appelait les caméléons politiques ; franc dans ses opinions, il n'a jamais su flatter aucun pouvoir, aucun homme élevé ; ce qu'il pensait, il le pensait tout haut : aussi ses amis lui reprochaient-ils d'être un peu cassant quand il entreprenait la discussion des événements contemporains ; c'était enfin l'homme de la nature qui ne savait déguiser aucune de ses impressions et dont l'âme conduisait la plume.

Le fils aîné du général Fririon a bien voulu me confier les mémoires que son père lui a laissés. Ce recueil renferme l'histoire de ce que le général a vu depuis le jour où il s'est engagé jusqu'à la deuxième restauration. Il contient des aperçus remarquables sur l'art militaire, la politique, la religion, les sciences, etc. Son opinion sur les hommes qu'il a connus, qui ont été ses chefs ou ses camarades, est franche et parfaitement tranchée ; l'éloge et le blâme marchent sans cesse avec le récit ; il ne ménage pas ceux qui, dans les circonstances critiques, ont manqué à leurs devoirs comme généraux ou comme citoyens, et il révèle sur certains faits de guerre des incidents curieux qui ont été ignorés des historiens ou qu'ils n'ont pas publiés à dessein. Un pareil ouvrage ne pourrait pas être livré à l'impression sans qu'il y fût fait un grand nombre de coupures; on serait obligé d'en retrancher les aperçus critiques, qui en font la partie la plus intéressante.

Quoi qu'il en soit, j'ai trouvé, dans les manuscrits laissés par le général Fririon à son fils, un projet de règlement sur les partisans, que cet officier général avait élaboré en 1830, lorsqu'à la suite de la révolution de juillet, la guerre générale paraissait imminente. Il m'a semblé qu'il serait utile et intéressant à la fois de publier ce document ; il annonce, dans son auteur, le sentiment de patriotisme élevé qui ne l'a jamais quitté, et une grande expérience de la guerre. Si la France était menacée d'une nouvelle invasion, un pareil règlement, répandu dans les campagnes, serait un guide sûr pour les populations soulevées. L'organisation des corps de partisans pourrait s'effectuer par communes et cantons; il serait facile de les lier entre eux en en réunissant plusieurs sous un même commandement : l'amour de la patrie aidant, la France se lèverait comme un seul homme et deviendrait bientôt le tombeau de l'ennemi.

Le colonel Fririon.

DES PARTISANS.

La France est attaquée par la force brutale dans son indépendance, dans sa liberté, dans son existence même; il n'y a plus à négocier ni à délibérer; il faut agir, il faut combattre, il faut vaincre! Nous en avons la puissance.

Que chaque citoyen soit soldat et la nation ne sera plus qu'une grande armée; tous les moyens sont bons pour sauver la patrie.

Dans les circonstances très graves où nous sommes placés, ce n'est pas une guerre de roi à roi qu'on veut nous faire; ce ne sont pas ici des hommes armés et payés pour conquérir quelque terrain, pour s'emparer d'une place, d'une province, et le tout pour satisfaire le caprice ou la cupidité d'un ministre, d'un favori, d'un roi. La question actuelle pour la France est d'être ou de n'être pas!

Nous sommes attaqués par les aristocraties de l'Europe; c'est encore, c'est toujours notre grande révolution de 1789 et ses principes qu'elles veulent anéantir. Elles prétendent encore s'installer en seigneur et maître sur notre sol, et redevenir, comme jadis, propriétaires de nos personnes et de nos biens; elles rêvent enfin l'insensé projet de renouveler l'épouvantable révolution exécutée par les barbares du Nord, lors de leur invasion par suite de laquelle l'empire romain a été anéanti.

Aux armes, citoyens! Tandis que nos braves armées

font face à l'ennemi, que toute la population valide se lève de toutes parts pour les seconder et mourir avec eux; n'entrons en composition avec ces hordes étrangères que quand elles auront mis bas les armes. Parlons liberté à leurs soldats, et qu'ils apprennent enfin qu'eux aussi sont des hommes et non des esclaves.

Français! nous voulons une victoire prompte, complète, définitive. Prenons les armes, marchons tous à l'ennemi. Qu'aucune considération de fortune, de famille, d'affaires ne nous retienne! Tout doit se taire devant l'appel de la patrie.

Une volonté forte, un seul effort conduit avec cet ensemble, avec ce courage, cette intelligence, cette rapidité d'exécution, dont les effets sont connus depuis si longtemps, suffiront pour faire cesser la lutte à l'instant.

C'est donc à vous, à nous, à décider du salut de tous et de celui de la postérité.

Projet de règlement sur le service des partisans, ou Compagnies franches dans l'intérieur de la France, en cas d'invasion de la part de l'ennemi.

CHAPITRE Ier.

ORGANISATION.

Article 1er. Les partisans se composent de tous les citoyens français qui n'auraient pas été appelés à l'armée active.

Art. 2. Le général en chef requerra des préfets la mise en activité de tous les Français qui, par leur force et leur âge, sont en état d'agir.

Art. 3. Les sous-préfets, sur l'ordre des préfets, dresseront la liste des partisans de leur arrondissement; ils l'enverront au général en chef, ainsi qu'au préfet, lesquels en rendront compte aux ministres de la guerre et de l'intérieur.

Art. 4. Les partisans seront organisés par les sous-préfets en une ou plusieurs compagnies de .... hommes chacune, selon l'étendue et la population du pays.

Art. 5. Les officiers et sous-officiers des compagnies de partisans seront nommés par les sous-préfets, sur la proposition des maires; ils seront choisis de préférence parmi les anciens militaires, les gardes forestiers, les gardes champêtres, les douaniers, les chasseurs et surtout parmi ceux qui connaissent le mieux les localités.

Art. 6. Les partisans seront, autant que possible, moitié à pied moitié à cheval. Les chevaux et leur harnachement, n'étant pas destinés pour le combat, seront ceux du pays et fournis par les communes.

Art. 7. Le devoir de tout Français étant de se dévouer, corps et biens, à la défense commune, l'État ne se chargera que des indemnités de pertes provenant du fait des ennemis, sans préjudicier aux droits des blessés et des héritiers, qui rentrent dans la catégorie des militaires de l'armée de ligne.

Art. 8. Le capitaine et son lieutenant seront toujours porteurs du contrôle de la compagnie, au bas duquel le général en chef, ou le chef d'état-major général, aura apposé son visa, portant que la compagnie est reconnue et ordonnée par le gouvernement.

Lorsque le capitaine ou le lieutenant aura à faire

partir un détachement, il remettra au chef de ce détachement un certificat portant qu'il fait partie de la compagnie reconnue, légalement, par le gouvernement; et, attendu que les partisans sont destinés à agir très souvent par petits détachements, le capitaine préparera toujours d'avance un nombre des certificats présumés nécessaires, pendant le temps des mouvements rapides où il ne pourrait écrire.

Indépendamment des mesures ci-dessus, chaque partisan sera toujours porteur d'une carte personnelle dont la forme sera déterminée par le général en chef.

Art. 9. Au moyen de l'article précédent, les partisans ne seront pas tenus à un costume militaire uniforme. Néanmoins, il importe qu'ils aient un signe distinctif qui les fasse reconnaître de loin par les troupes de l'armée et par les h .bitants. Ce signe sera déterminé par le général en chef, qui le fera connaître par la voie de l'ordre, et qui en informera les préfets, afin que ceux-ci en instruisent, par les autorités locales, tous les habitants des communes.

Art. 10. Les partisans auront des fusils d'infanterie ou, s'il se peut, des carabines du calibre d'infanterie. Les hommes à cheval, outre les carabines, auront de plus des sabres dits *briquets*. Ces armes seront délivrées par les arsenaux de l'État, sur le reçu du capitaine, visé par le préfet ou le sous-préfet, et ordonnancé par le général en chef ou le chef d'état-major général.

Les cartouches seront fournies, à raison de cinquante par homme, par les arsenaux ou parcs de l'armée, sur le reçu du capitaine.

Art. 11. Pour contenir les cartouches, les partisans auront, non une giberne qui leur serait incommode, mais une sacoche en cuir imperméable, bien couverte, à laquelle sera adaptée une banderolle, afin de leur permettre de la porter, soit en écharpe, soit en ceinture.

Art. 12. Il y aura par compagnie au moins 20 haches fortes et de bonne trempe pour, selon l'opportunité, faire ou couper des ponts, abattre des arbres, établir des abatis, couper les traits des chevaux de l'ennemi, briser les roues des voitures qu'il serait impossible d'emmener, enfin pour aider à créer tous les embarras possibles à la marche de l'ennemi.

Art. 13. Il y aura inspection fréquente des cartouches et des armes; les canons de fusil seront lavés tous les jours après avoir tiré; le jeu des batteries sera vérifié, entretenu et graissé avec soin. Si le partisan n'a pas de fusil à percussion, il devra être pourvu de plusieurs pierres à feu.

Tous les partisans devront avoir un tourne-vis, une épinglette et un couteau très fort et bien affilé.

Art. 14. Les souliers pourront leur être fournis par les magasins de l'État.

Art. 15. Les vivres seront fournis par les communes près desquelles se trouveront les partisans, sur le bon de l'officier ou sous-officier commandant le détachement. Le signataire du bon sera responsable du nombre de rations et des doubles emplois; le maire devra, par une revue, vérifier le nombre d'hommes présents. Il contresignera les bons; les rations de vivres seront les mêmes que celles des autres militaires de l'armée en campagne.

Art. 16. Le service des partisans n'étant que momentané, ils ne recevront de solde que dans le cas où, par la force des choses, ils seraient entraînés hors de leur département; leur solde alors serait celle de l'arme de l'infanterie.

Ils pourront recevoir une gratification du gouvernement, sur le rapport et la demande du général en chef; les actions d'éclat, dûment constatées, seront récompensées par le gouvernement, comme dans l'armée, soit par l'étoile de l'honneur, soit par des grades ou des emplois civils.

Art. 17. Le général en chef, lorsqu'il le jugera à propos, pourra charger un officier supérieur de l'armée de plusieurs compagnies de partisans, et, selon les circonstances, il pourra également faire marcher avec eux de la troupe de ligne.

Art. 18. Les douaniers, les agents forestiers et les employés des impôts indirects feront nécessairement partie des compagnies de partisans, à moins que le général en chef ne préfère les organiser régulièrement comme la troupe de ligne.

Art. 19. Le gouvernement enverra dans les départements envahis ou menacés des commissaires chargés spécialement de veiller à l'exécution, par les agents désignés dans les articles précédents, des dispositions prescrites par le présent règlement.

La mission expresse de ces commissaires sera d'éclairer le gouvernement, en lui rendant compte de l'exécution desdites dispositions et en lui donnant leur avis sur les améliorations qu'on pourrait y apporter.

Art. 20. Aussitôt que les armées ennemies seront prêtes à pénétrer sur le sol de la France, le gouvernement fera parvenir à ces armées et à tous leurs chefs un manifeste solennel proclamant la guerre nationale, et faisant connaître que tous les Français sont soldats, quels que soient leurs costumes et leurs armes ; qu'en conséquence, ceux que le sort des combats ferait tomber au pouvoir des troupes ennemies devront être traités selon les lois de l'humanité et les usages adoptés parmi les nations civilisées. Mais que si des actes de cruauté étaient exercés contre des Français et que les prisonniers ne soient pas respectés, les représailles seraient immédiates et terribles !

CHAPITRE II.

SERVICE DES PARTISANS DANS L'INTÉRIEUR DE LA FRANCE.

Art. 1er. Le service des partisans consiste à faire une guerre d'embuscade continuelle à l'ennemi, de jour et de nuit, de connaître sa position, ses marches, ses manœuvres, de les entraver sans cesse, d'en rendre compte enfin, le plus tôt possible, au général en chef de l'armée ou au général le plus voisin.

En principe général, les partisans doivent être partout et n'être vus nulle part ; ils doivent assaillir l'ennemi de tous côtés, savoir l'éviter lorsqu'il arrive en force supérieure et se dérober adroitement à sa poursuite ; ils doivent lui faire éprouver des pertes de détail continuelles, et ne point en éprouver eux-mêmes. Les attaques des partisans seront adroitement combinées ; elles seront toujours soudaines et terribles.

Leur discipline sera exacte en tous points, leur obéissance immédiate et ponctuelle.

Art. 2. Les partisans communiqueront entre eux et avec l'armée au moyen de signaux convenus d'avance, toujours bien connus et bien compris. Un alphabet

de signaux sera étudié avec soin, soit avec des boîtes
de paille allumées au haut d'une perche, soit de toute
autre manière.

Art. 3. Aussitôt qu'une armée ennemie aura pénétré
sur le sol français, les partisans des arrondissements
entreront en activité; leur effort s'étendra sur toute la
ligne envahie, afin de forcer l'ennemi à faire face de
toutes parts.

Art. 4. L'armée ennemie entrant en France saura
d'avance qu'elle doit être assaillie par les partisans;
elle se couvrira en conséquence de flanqueurs et d'é-
claireurs. Il est donc évident qu'à moins de circonstances imprévues qui sortent des règles écrites, et
qui dépendent de l'audace et de la sagacité du chef,
ce ne seront pas aux masses de cette armée que les
partisans auront affaire, mais bien à ses flanqueurs et
à ses éclaireurs. Toutes les fois que les partisans ne
se sentent pas en force, ils doivent se retirer d'embuscade en embuscade, en essayant d'attirer l'ennemi.
Si celui-ci commet l'imprudence de trop s'enfoncer
dans le pays, s'il s'écarte trop du corps d'armée principal, il faut que les partisans se décident à l'envelop-
per et à lui couper la retraite.

Art. 5. L'armée d'invasion ne marchera pas sur une
seule colonne : elle opérera sur un grand front et sur
plusieurs points ; les partisans auront en conséquence
l'attention de ne pas se laisser surprendre entre ces
colonnes ; il sera donc important de leur faire connaître la direction et la marche de l'armée ennemie.

Art. 6. Le but des partisans n'est pas d'engager des
actions ni de résister à des forces supérieures. Ils
chercheront sans cesse, le jour comme la nuit, à sur-

prendre les gardes, les détachements, les convois et surtout à s'emparer des éclaireurs. A cet effet, ils s'embusqueront et se cacheront avec soin , leur but devant toujours être de se présenter à l'ennemi par surprise ; ils devront également s'assurer qu'ils ne sont pas exposés à être tournés.

Art. 7. Un moyen certain d'éviter l'inconvénient d'être tourné, c'est d'avoir une réserve à une certaine distance en arrière. Cette réserve, dont l'ennemi ne pourrait juger la force, l'arrêterait par sa présence et par son feu, s'il voulait chercher à s'emparer du chemin de retraite ; elle l'obligerait, en outre, à faire de nouvelles dispositions et ferait en sorte de le tromper sur les forces dont elle dispose.

Art. 8. Les partisans ne songeront à dépouiller les morts et à faire des prisonniers qu'autant qu'ils seront certains de ne pas s'exposer à être tournés par d'autres partis ennemis.

Art. 9. Quant aux postes et embuscades que les partisans devront adopter pour observer et surprendre l'ennemi, ils auront soin de s'y rendre en se cachant derrière des tertres , dans des ravins, des chemins creux, des haies, des terrains couverts. Il existe à l'infini des accidents de terrain que les meilleures cartes topographiques n'indiquent pas et que les habitants seuls connaissent. De plus, il y a telles ondulations de terrain qui ne sont apparentes que de certains points où l'on est placé ; c'est ce qu'il faut remarquer avec attention.

La même intelligence et les mêmes précautions seront employées lorsqu'il s'agira de faire retraite, ou un mouvement sur les flancs ou sur les derrières de l'ennemi.

Art. 10. Dans les plaines, ce sont les hommes à cheval qui formeront les embuscades; dans les terrains couverts, ce sont les hommes à pied. Les uns et les autres feront en sorte de ne pas être aperçus ni avant, ni après l'expédition, ni en cas de retraite.

Art. 11. Des partisans à cheval seront envoyés au loin de différents côtés pour chercher à savoir si l'ennemi forme des détachements dans l'intention de tourner les positions des partisans. Ces cavaliers avertiront promptement les postes, afin de leur faire éviter le danger ou de leur indiquer une position dans laquelle l'attaque de ces détachements serait favorable.

Art. 12. Lorsque l'ennemi devra passer sur un pont ou dans un défilé, les hommes munis de haches couperont le pont, feront des abatis, des barricades, etc. Les partisans attendront l'ennemi à bout touchant, sans négliger toutefois de s'éclairer et de s'assurer qu'il ne passe pas ailleurs.

Art. 13. Quelque considérable que soit une armée, quelque nombreuses que soient les avant-gardes, arrière-gardes et gardes de flanc, l'usage de la guerre exige que celles-ci se couvrent par des éclaireurs, des petits postes et des sentinelles volantes. Ce sont ceux-ci que les partisans doivent chercher à enlever, et, pour y parvenir, il suffit souvent, se tenant à plat-ventre dans les sillons, dans les haies, etc., de ne se lever que quand on est certain que ces éclaireurs avancés n'ont plus de retraite.

Art. 14. Il arrive souvent que des postes ennemis se

trouvant couverts par un ruisseau ou par une rivière,
négligent de surveillance sur ce point ; c'est le cas de
les surprendre en passant, à gué ou à la nage au-
dessus ou au-dessous, la rivière ou le ruisseau qu'ils
ont considérés comme un obstacle. Ces sortes d'attaques faites de nuit réussissent presque toujours quand
l'assaillant connaît bien les localités ; la retraite lui est
d'ailleurs assurée par la raison que l'ennemi n'a pas
prévu l'attaque.

Art. 15. Lorsque les partisans s'apercevront que les
ennemis envoient des détachements, il est à présu-
mer que leur but est de reconnaître le pays, les prin-
cipales positions, de savoir si elles sont occupées ou
de lever des contributions dans les villages voisins ;
la marche de ces détachements sera facile à observer
par les partisans qui se tiendront soigneusement cachés. Si ces détachements ne se font pas éclairer par
des tirailleurs, on les attendra pour les fusiller de très
près ; si au contraire ils ont des tirailleurs, c'est sur
ceux-ci qu'il faudra tirer et les repousser.

Si le détachement observé par les partisans est considérable, et s'il a de l'artillerie, il est évident qu'il
s'agit de projets importants ; dans ce cas, il faut faire
ou allumer les signaux convenus, afin d'avertir les
troupes de l'armée régulière ; ces signaux seront
répétés de proche en proche.

Les partisans devront surveiller ce corps avec le
plus grand soin, informer sans cesse de la direction
qu'il prend, chercher à le troubler dans sa marche
en lui créant des obstacles et en lui tendant des embuscades.

Art. 16. Les partisans attaqués et poursuivis par

des forces supérieures devront se dérober à leurs coups en se dispersant dans les bois, dans les terrains couverts.

Art. 17. Chaque jour, le capitaine désignera un lieu de ralliement, afin que les partisans puissent s'y rassembler, dans le cas où ils auraient été dispersés par les forces et les manœuvres de l'ennemi ; il sera même indispensable de convenir de plusieurs points de ralliement, le premier ou l'un des autres pouvant être occupé par l'ennemi.

Ils conviendront, pendant leur réunion, de nouvelles dispositions pour inquiéter l'ennemi.

Art.18. Les attaques de nuit sont celles qui fatiguent le plus les gardes et postes avancés ; nulle troupe n'est plus propre à ce genre d'attaque que les partisans, parce qu'ils connaissent bien le pays et qu'ils ont la certitude de ne pas être poursuivis. Ils reconnaîtront le soir, à la tombée de la nuit, les lieux où les postes et les sentinelles sont placés, afin de pouvoir diriger plus sûrement leurs coups pendant l'obscurité ; ls choisiront en général une heure avancée de la nuit, comme 2 à 3 heures du matin, c'est le moment où les hommes fatigués sont gagnés par le sommeil ; l'attaque du poste qu'ils veulent enlever sera brusque et faite sur tous les points à la fois ; l'avantage sera presque toujours de leur côté, par la raison que l'ennemi, ne sachant où est l'assaillant, ni d'où il vient, ne sait de quel côté porter ses coups.

Art. 19. Habituellement, une armée en marche ne se fait éclairer que vers la tête de la colonne et jusqu'à une certaine distance de son prolongement ; il en résulte que le milieu et la queue marchent en sécurité, dans la confiance que les précautions ont été prises à la tête et sur les flancs.

Habituellement encore, il existe des intervalles plus ou moins étendus entre les différentes divisions de l'armée ; ces intervalles sont remplis par les parcs et les bagages.

Dans cet état de choses, les partisans intelligents et actifs doivent tomber à l'improviste et avec célérité sur les parcs et bagages, s'emparer des chevaux ou les tuer, couper les traits, briser les roues des voitures, les renverser, y prendre ce qu'il y a de précieux. Une pareille action, indépendamment du butin, entrave, arrête la marche de la colonne et procure un grand avantage à notre armée, qui, dans une telle conjoncture, trouvera peut-être une bonne occasion d'attaquer avec succès.

Art. 20. Plus l'armée ennemie aura pénétré dans l'intérieur de la France, et plus le nombre des partisans aura augmenté, attendu que tous les départements, tous les arrondissements ayant fourni leur contingent, ils formeront une ligne complète de circonvallation autour de l'ennemi. Dans cette situation de réunion ou d'ensemble de plusieurs compagnies, les capitaines conviendront entre eux de décerner le commandement à l'un d'eux, dont la capacité sera reconnue, ou bien le général en chef nommera celui que l'opinion publique aura désigné pour ce commandement.

Art. 21. Il est bon de répéter une mesure de précaution qu'il importe aux partisans de ne jamais négliger : c'est d'avoir toujours derrière eux, plus ou moins loin, selon les localités, quelques petits détachements chargés d'observer et d'avertir de ce qui se passe sur les flancs et les derrières de la première ligne. Ces détachements formeront réserve et renforts ; dans la supposition que les partisans, agissant en avant, soient obligés de se retirer, les uns et les autres formeront de nouvelles embuscades. Cette règle ne dispense pas des cavaliers d'être placés plus au loin sur les derrières et sur les flancs et dont l'objet est d'avertir des mouvements de l'ennemi.

Art. 22. On ne saurait trop recommander aux partisans de se tenir cachés soigneusement, afin que l'ennemi n'évente pas les embuscades.

Il est nécessaire néanmoins dans certaines circonstances que les partisans se montrent à l'ennemi ; qu'ils fassent mine de l'attaquer sur divers points afin d'attirer son attention ; une pareille démonstration est indispensable quand le général en chef projette un plan d'attaque. En pareil cas, les partisans doivent employer tous les moyens possibles pour occuper l'ennemi et lui masquer le mouvement du corps d'armée principal.

Art. 23. Dans une guerre nationale, tout le monde doit concourir au salut et au triomphe de la patrie. Personne n'est exempt de ce devoir sacré, pas même les femmes ni les vieillards valides. Il est probable que ceux-ci resteront dans leurs habitations lorsqu'elles auront été envahies. Dans ce cas, ils seraient chargés de faire des signaux indiquant la force de l'ennemi et la direction qu'il prend dans sa marche ; ces signaux, qui devront être simples, seront convenus et arrêtés d'avance entre les partisans et lesdits habitants, comme il a été dit plus haut.

Art. 24. Une activité continuelle du corps et de l'esprit est la base du mérite des partisans et de leurs succès. Cependant comme le repos est nécessaire à l'homme, il sera établi deux tours de service.

Premier tour. Moitié des partisans en première ligne, où ils seront sans cesse éveillés et alertes.

Deuxième tour. L'autre moitié, en seconde ligne ou en réserve : il lui sera facile alors de jouir de quelques instants de repos, sans toutefois négliger les précautions de surveillance nécessaires. — Ce service sera commandé par les officiers.

CHAPITRE III.

DES CONVOIS, PARCS ET BAGAGES.

Art. 1er. Soit que la victoire ait un instant trahi nos armes, et que par suite notre territoire ait été envahi, soit que, par suite d'un plan de campagne sagement combiné, on soit parvenu à attirer en France les armées ennemies, afin que le résultat de la lutte devienne à jamais décisif, on remarquera que plus ces armées s'avanceront sur le sol français, et plus elles s'éloigneront de leurs munitions de guerre et de bouche sans lesquelles elles ne pourraient rien faire ; tandis que, par une conséquence évidente, nos moyens s'accroîtront et se multiplieront dans la proportion contraire. C'est alors que les partisans, devenus plus nombreux, devront redoubler d'énergie et d'audace.

Une armée d'invasion n'a que trois moyens de pourvoir à ses besoins de tous les jours en tout genre :

1° Par les ressources qu'elle emporte avec elle, et celles qu'elle trouve sur le terrain qu'elle occupe. Ces ressources sont tellement éphémères que cette armée, après quelques journées de marche, serait forcée de renoncer à ses projets d'invasion si ses moyens étaient bornés à cela.

2° Par les convois qu'elle fait venir de ses magasins.

3° Par le résultat des réquisitions qu'elle expédie au loin dans le pays.

Art. 2. S'il y a une bataille rangée et que l'ennemi la perde, sa déroute sera complète. Les partisans, placés sur ses flancs et ses derrières, sont certains, avec de la résolution et de la célérité dans les mouvements, de faire beaucoup de prisonniers et un butin considérable.

Ce n'est pas tout; ils doivent hardiment accourir au-devant des convois destinés à amener les renforts de munitions, les harceler, les attaquer, les détruire par tous les moyens possibles. Des mouvements rapides et audacieux, dans une telle circonstance, jettent la terreur et l'épouvante chez l'ennemi et contribuent à sa ruine totale.

Si, au contraire, notre armée perd la bataille, l'ennemi avancera et les partisans devront redoubler de courage en lui tendant des embuscades de tous côtés. Ils s'attacheront plus que jamais aux convois qui viendront de ses magasins et ils auront d'autant plus de chances de les détruire, que la route que ces convois auront à parcourir sera plus longue. Choisir les parties faibles, s'embusquer dans les passages difficiles, faire des attaques brusques, profiter enfin de toutes les négligences des ennemis, tel sera le devoir des partisans. Ils sauront également quelle direction doit prendre tel ou tel convoi, l'heure presque certaine de son passage par tel ou tel chemin; leur devoir sera donc de créer des obstacles de toute sorte ; ils ne se contenteront pas de couper les ponts, ils pourront même faire des tranchées en travers des chemins, leur but devant toujours être de retarder la marche du convoi, sinon de le détruire.

Art. 3. Un moyen certain de faire éprouver de grandes pertes d'hommes aux ennemis par la désertion et la maladie, c'est de ne leur laisser aucun repos ni jour ni nuit, c'est de les fatiguer incessamment par des alertes continuelles. Les partisans auront à atteindre ce but, surtout contre les convois dont ils fusilleront les gardes, principalement au moment où, harassés d'une journée de marche, les soldats espèrent jouir du repos de la nuit. Pendant la nuit, les partisans s'approcheront des gardes , chercheront à les surprendre, à les enlever, feront tout enfin pour les forcer de se tenir éveillés et alertes. Le sentiment d'un danger continuel décourage et use les hommes.

Art. 4. Quant aux réquisitions expédiées par l'ennemi hors des limites occupées par ses forces, il sera défendu d'y obtempérer sous quelque prétexte que ce soit. Cette défense absolue et rigoureuse sera proclamée préalablement par les autorités civiles et militaires; les partisans surveilleront l'exécution de cette mesure importante. S'ils parviennent à saisir les objets envoyés à l'ennemi par quelques habitants, ils s'en empareront et les conduiront au quartier-général, où il leur en sera payé la valeur, qui sera partagée dans la compagnie qui aura fait la prise. Ils y conduiront aussi les conducteurs pour y être jugés militairement.

Dans la guerre nationale, le Français qui ne cherche

pas à nuire à l'ennemi est coupable, et celui qui l'aide en quoi que ce soit est criminel !

Quand la patrie est en danger, je le répète encore, toute considération de personnes, de famille, d'affaires, de fortune, d'affections, s'efface devant le salut commun. C'est là le but unique où tout doit aboutir. La nation étant tout entière militaire, le gouvernement doit être militaire. Il faut que son autorité soit forte, inexorable ; il faut que l'obéissance soit ponctuelle et immédiate, qu'aucune tergiversation ne soit admise, que tous les individus se déclarent sans réticences, sans subterfuges, *pour* ou *contre*.

S'en présentera-t-il *contre* avant le combat ? Ouvronsleur le passage ; qu'ils aillent à l'ennemi, nous en serons plus forts !

QUESTIONS A TRAITER.

1° Partage du butin, prix et tarif des prises.

2° La France entière étant attaquée, demeure solidaire des dévastations par l'ennemi ; elle se charge des veuves, orphelins, etc. ; elle récompense les défenseurs.

3° L'ennemi repoussé hors de France, la loi reprend son empire, le gouvernement militaire cesse.

Strasbourg, septembre 1830.

Le Général de brigade en retraite,

FRIRION.